RAPPORT

SUR LA NÉCESSITÉ URGENTE DE CONSTRUIRE

A POITIERS

UN ASILE DÉPARTEMENTAL D'ALIÉNÉS.

Présenté à M. le Préfet de la Vienne.

———◦◦◦———

POITIERS

IMPRIMERIE DE HENRI OUDIN,

RUE DE L'ÉPERON, 4.

1857

Monsieur le Préfet,

Appelé, depuis bientôt quatre ans, à diriger le service médical du quartier des Aliénés de la Vienne, j'ai compris et accepté, avec la ferme intention de les remplir, tous les devoirs que cette mission m'imposait. J'ai voulu par mon zèle à prendre les intérêts présents et futurs d'une classe d'infortunés si digne de sollicitude, répondre à la confiance dont j'ai été honoré.

C'est donc après une étude sérieuse des besoins des malades qui me sont confiés, des conditions très-défectueuses dans lesquelles ils se trouvent placés, enfin des moyens à l'aide desquels on pourrait y remédier, que j'ai jugé utile de vous présenter ce rapport, dont la conclusion, je dois vous le dire tout d'abord, tend *à la création immédiate par le département d'un asile spécial pour les aliénés.*

J'ai été d'autant mieux déterminé à examiner cette question, et à vous la soumettre, que le principe de la construction d'un asile à Poitiers a été, depuis bien longtemps déjà, adopté par le Conseil général et que la situation financière du département est à la veille de s'améliorer d'une manière considérable, par suite de la cessation, l'année prochaine, des impositions extraordinaires.

Je ne doute point, Monsieur le Préfet, qu'après avoir pris une connaissance exacte de l'état des choses, vous ne veuillez bien accorder un intérêt tout particulier à ce projet et en poursuivre la réalisation avec l'énergie qui vous caractérise.

Veuillez agréer,
Monsieur le Préfet,
l'assurance de mon respect.

Le Médecin préposé responsable
du quartier des Aliénés,

Chasseloup de Chatillon.

Poitiers, Avril 1857.

RAPPORT

SUR LA NÉCESSITÉ URGENTE DE CONSTRUIRE

A POITIERS

UN ASILE DÉPARTEMENTAL D'ALIÉNÉS.

Je me propose d'examiner successivement et de développer aussi brièvement que possible, dans ce travail, les trois questions suivantes :

1° *Il est indispensable de construire, à Poitiers, un Asile départemental d'Aliénés ;*

2° *Le département est intéressé à réaliser ce projet immédiatement ;*

3° *Conditions nécessaires pour le choix d'un terrain.*

Un Établissement d'Aliénés est par lui-même un instrument de guérison ; entre les mains d'un médecin habile, c'est l'agent thérapeutique le plus puissant contre les maladies mentales.

(Esquirol.)

PREMIÈRE QUESTION

IL EST INDISPENSABLE DE CONSTRUIRE, A POITIERS, UN ASILE D'ALIÉNÉS.

Je m'appuierai, pour soutenir cette thèse, sur l'insuffisance du quartier actuel à contenir tous les malades et sur la mauvaise disposition des bâtiments, d'où résulte l'impossibilité de leur faire suivre un traitement complet et méthodique.

L'établissement actuel consacré aux aliénés du département de la Vienne, fait partie de l'hôpital général de Poitiers. Il est placé sous la tutelle de la commission administrative des hôpitaux, qui reçoit un franc pour chaque journée d'Aliéné indigent et un prix proportionnel à la fortune pour les pensionnaires. Lors de sa fondation en 1818, il ne contenait qu'un très-petit nombre d'aliénés furieux, car, à cette époque, on ne séquestrait que ceux de ces infortunés qu'un état de surexcitation continuelle rendait dangereux pour la société.

C'est à partir de l'année 1838, époque de la promulgation de la loi sur les aliénés, loi bienfaisante s'il en fut jamais, qu'on a vu s'accroître sensiblement dans le quartier le nombre des malades. Il contenait alors déjà près de cent individus des deux sexes. Douze ans plus tard, en 1850, on en comptait cent quarante.

On reconnaît, en 1851, que les bâtiments du quartier sont devenus insuffisants; M. le Préfet Jeanin, de concert avec le Conseil général, établit une succursale provisoire sur les terrains de l'ancienne magnanerie départementale en attendant la création, qui est alors déterminée, d'un Asile tout spécial. Bientôt, cette succursale elle-même ne peut plus suffire à tous les besoins et l'on est forcé, en 1854, de lui donner de l'extension en dépossédant la ville des bâtiments qui étaient affectés à l'usage du Jardin des plantes.

Enfin, au mois de mars de cette année, je me suis vu dans l'obligation de déclarer mon insuffisance à donner asile au flot toujours montant du personnel des aliénés (1), et j'ai dû demander à l'autorité supérieure une autorisation pour placer un certain nombre de maniaques tranquilles avec les vieillards de l'hôpital général.

Nous sommes donc réduits aujourd'hui à ne pouvoir plus recevoir tous les malades qui sont présentés, et à violer forcément une des obligations les plus formelles de la loi. C'est un inconvénient très-grave assurément, mais je ne lui attribue pas cependant l'importance de celui que je vais signaler.

En effet, non-seulement le quartier des Aliénés est insuffisant à contenir tous les malades qui ont droit à l'assistance, mais encore ceux qu'on y a admis pour y suivre un traitement se trouvent, à cause de la mauvaise disposition des bâtiments et de leur exiguïté, dans des conditions très-défavorables à leur retour à la raison. Ces malheureux sont entassés pêle-mêle et confondus les uns avec les autres. L'absence totale de divisions fait qu'il y a impossibilité de les classer suivant les degrés et la nature de la folie, ce qui cependant serait de la première importance.

« La situation mentale des aliénés, dit M. Falret, présente des différences si tranchées qu'il y aurait désordre » et danger à les réunir tous dans un même lieu ; il faut donc » qu'un Asile présente dans ses bâtiments des divisions en

(1) Voir la note première qui termine le Rapport.

» rapport avec les différences fondamentales de la maladie.
» Pour établir ces divisions, il faut avoir en vue le bien-être et
» la réaction favorable des malades les uns avec les autres. »

L'établissement est également dépourvu de tout local pro-
pre à faire des infirmeries où il serait nécessaire de réunir les
aliénés qui sont affectés de maladies incidentes, et ceux qui,
réduits à l'état d'inertie, de paralysie, nécessitent des soins
particuliers et une assistance continuelle.

Enfin, je ferai remarquer que les loges destinées à ren-
fermer ceux des aliénés qui ont pour habitude de proférer
des cris pendant la nuit, se trouvent placées immédiatement
au-dessous des dortoirs. Il en résulte que le repos des autres
malades est presque constamment troublé, au grand détri-
ment de leur bien-être physique et moral.

Je pourrais donner de plus longs développements à cette
description déjà si triste du quartier des Aliénés, mais ce serait
sans avantage pour la cause que je défends. Du reste, il suffit
de séjourner pendant quelque temps dans cet asile du mal-
heur, d'en parcourir toutes les localités, d'entrer dans les
détails, pour reconnaître bientôt que cet établissement est
dans des conditions on ne peut plus défectueuses, et qu'il n'y
a pas lieu de s'étonner si les guérisons y sont relativement
moins nombreuses que dans beaucoup d'autres asiles de
France.

Je dois convenir cependant, pour rendre justice à qui de
droit, que les aliénés individuellement ne manquent d'aucun
soin, que MM. les administrateurs n'ont reculé devant aucun
sacrifice, depuis quelques années, pour apporter toutes les
améliorations désirables dans le régime intérieur de l'établissement. Mais, je le répète, ces soins, ces améliorations ne
suffisent pas ; le bon vouloir le plus actif et le plus entrepre-
nant est obligé de céder devant les impossibilités de toute

nature qui résultent de l'insuffisance et de l'irrémédiable disposition des lieux.

« La portion de l'établissement affectée au service des
» hommes est insuffisante et construite dans des conditions
» détestables qui exigent une reconstruction totale. Les
» chambres sont étroites, voûtées, humides et ressemblent.
» beaucoup plus à des cachots qu'aux cellules d'une maison
» de santé. Les cours, petites, mal aérées, n'ont aucune vue
» qui puisse procurer de la distraction aux malades (1). »

Cette nécessité d'une reconstruction totale sur d'autres terrains ressortira encore très-bien, il me semble, des quelques considérations dans lesquelles je vais entrer sur les occupations des insensés.

On a eu pendant longtemps des idées très-fausses sur les aliénés ; Pinel, Esquirol, qui avaient recommandé le travail comme moyen curatif de la folie, avaient souvent trouvé des incrédules. Personne ne pouvait s'imaginer qu'il fût facile d'appliquer à un travail régulier l'homme qui avait perdu la raison ; aussi se bornait-on à l'enfermer pour le mettre dans l'impossibilité de nuire à la société. Mais chacun sait aujourd'hui que les aliénés dirigés, suivant leurs aptitudes, par une main ferme et exercée, sont susceptibles d'être organisés en travailleurs. Les preuves existent dans tous les établissements pourvus de moyens de travail, et sans aller bien loin, on peut s'en convaincre en visitant l'établissement succursale de la Maguanerie, dont le revenu s'est élevé, l'année dernière, à plus de 2,000 francs.

« Ce n'est pas un problème à résoudre, c'est le résultat le
» plus constant de l'expérience que, dans tous les asiles pu-
» blics, comme dans les prisons, les hospices, le plus sûr et

(1) Rapport au Conseil général de la Vienne, année 1856.

» peut-être l'unique garant de la santé, des bonnes mœurs
» et de l'ordre, est la loi du travail rigoureusement exécuté.
» Cette vérité est surtout applicable aux aliénés, et très-peu
» d'entre eux doivent être éloignés de toute occupation
» active. Un travail constant change la chaîne vicieuse des
» idées, fixe les facultés de l'entendement en leur donnant
» de l'exercice, entretient seul l'ordre dans un rassemblement
» d'individus et dispense d'une foule de règles minutieuses
» qui sont souvent vaines pour maintenir l'ordre intérieur. »

Le travail des champs, du jardinage est celui qui réunit le
plus d'avantages : il est varié, il offre des résultats apparents
et productifs; il procure l'énergie de l'action cutanée; il fa-
vorise la nutrition; enfin, il procure le sommeil qui est si
souvent troublé chez les aliénés.

Mais de quelle manière faudrait-il s'y prendre pour occu-
per les malades à l'hôpital général? Non-seulement il n'est pas
possible de leur donner le plus petit coin de terre à cultiver,
mais encore, ils sont dépourvus à l'intérieur de tout atelier
de travail. Il est vraiment pénible de voir ces infortunés (les
hommes surtout) entassés les uns sur les autres dans leur
seule et unique cour, ayant les bras pendants et l'air désœuvré,
ennuyé. Je crois pouvoir assurer que l'oisiveté détruit l'intelligence et altère la santé physique de la plupart des aliénés
enfermés dans le quartier. Beaucoup lui doivent un état
d'incurabilité qu'un travail régulier et soutenu aurait pu
convertir en guérison, ou tout au moins, améliorer considérablement.

D'après ce qui précède, il me semble qu'on doit rester
convaincu qu'il n'est plus possible de maintenir plus longtemps les aliénés dans un établissement si défectueux, sous
tous les rapports, sans manquer aux devoirs que commande
l'humanité, sans méconnaître les prescriptions de la loi du

30 juin 1838; et qu'il y a lieu de prendre enfin une détermination précise, efficace. Cette loi, en effet, exige qu'il soit donné asile à tous les aliénés, riches ou pauvres, et qu'ils jouissent du bénéfice d'un traitement complet dans un établissement spécial.

« La construction d'un asile d'aliénés, est-il dit au Conseil » général de 1851, est devenue une obligation départemen- » tale, et, quelque onéreuse qu'elle puisse être, il faut nous » mettre en mesure de la réaliser. »

DEUXIÈME QUESTION

En toutes circonstances, mais surtout lorsqu'il s'agit d'entreprendre une construction considérable, la question financière mérite d'entrer en grande considération, d'autant plus que les administrations sont très-souvent obérées et qu'elles ne peuvent suffire à toutes les améliorations qui leur sont proposées. Ici, je n'hésite pas à dire, avec M. le Rapporteur du Conseil général de 1851, qu'elle est devenue secondaire en présence de la nécessité, de l'urgence de la construction, du bien qui en résultera pour une classe nombreuse d'êtres souffrant de la plus cruelle des misères.

Cependant, s'il m'était possible de démontrer que le département sauvegarderait ses intérêts matériels en entrant dans la voie de nouvelles constructions, n'aurais-je pas tranché bien des difficultés, fait cesser bien des hésitations ? C'est ce que je vais essayer d'entreprendre.

Dans une pareille matière, il ne m'est pas possible de produire le résultat de mes observations, je n'ai pu juger que par analogie et me former une conviction que par la comparaison avec ce qui a été fait ailleurs. J'ai consulté les rapports de Messieurs les Préfets, les comptes rendus des Conseils généraux et j'ai vu que partout on se félicitait, même au point de vue économique, d'avoir créé des asiles spéciaux. Je choisis, entre beaucoup d'autres, des faits qui paraissent significatifs :

Asile de Fains près Bar-le-Duc. « Rien ne dément dans
» les services de l'asile de Fains. L'ordre y règne au plus
» haut degré. On en trouve, du reste, la preuve dans le
» compte moral et administratif du médecin-directeur. Il té-
» moigne de l'intelligence parfaite des intérêts de l'établisse-
» ment et de la plus entière sollicitude pour les infirmités
» qui s'y abritent.

» La commission a toutefois remarqué, avec peine, la
» profonde atteinte qu'a éprouvée la position financière de
» l'asile. La balance du compte administratif se réduit, pour
» l'exercice de cette année, à un excédant de recettes de
» 16,418 fr., tandis que l'année dernière le compte se sol-
» dait par un boni en économies, de 40,000 fr. (1). »

Asile de Bellevaux près Besançon. — « L'asile de Belle-
» vaux, grâce à son administration vigilante, continue à
» marcher dans la voie la plus prospère. Malgré le prix excessif
» des denrées alimentaires, sa situation financière n'a pas
» cessé d'être satisfaisante.

» Après en avoir délibéré, et sur les conclusions conformes
» de sa commission administrative, le conseil est d'avis d'ap-
» prouver le compte administratif de 1855 et d'en fixer le
» résultat :

» En recettes. . . . . 223,474 fr.
» En dépenses. 166,975
       » D'où il résulte que l'asile bénéficie cette
» année d'une somme de. . . . . . 56,499 fr.
» bien que le département ne paye que 90 centimes par jour
» pour ses aliénés indigents (2). »

(1) Rapport au Conseil général de la Meuse, année 1855.
(2) Rapport au Conseil général du Doubs, année 1856.

Asile d'Auxerre. — « L'asile public des aliénés du dépar-
» tement dirigé par M. le docteur Girard, répond chaque
» jour davantage à la pensée humanitaire qui a déterminé
» sa fondation. La bonne direction du service intérieur, l'or-
» dre et l'économie qui règnent dans l'établissement, ont
» permis, malgré le prix très-élevé des denrées alimentaires,
» de se maintenir dans les limites de nos prévisions et de
» faire des économies.

» Ces résultats sont dus en grande partie au contingent
» de ressources fournies par les pensionnaires. Ceux-ci, en
» effet, donnent une augmentation de recettes qui tournent
» au profit des indigents et de la caisse départementale.

» Vous trouvez dans ces faits la réponse aux inquiétudes
» qu'on avait pu vous inspirer sur le succès de notre œuvre,
» et vous emporterez avec vous la conviction que non-seu-
» lement vous avez créé un magnifique établissement, mais
» que vous avez fait une opération utilement conçue et pro-
» fitable aux finances du département (1). »

Asile de Napoléon-Vendée. « L'asile départemental que
» vous avez fondé à Napoléon se maintient dans la voie de
» progrès que je vous ai signalée depuis son installation, et
» vous n'avez plus, depuis longtemps, ni appréhensions ni
» craintes sur l'avenir de cet établissement.

» Les charges du département n'ont pas augmenté ; les
» produits sont notablement plus élevés qu'on ne l'avait in-
» diqué : voilà des résultats frappants. J'ajouterai que, sans
» que j'aie eu besoin de vous demander le moindre sacrifice,
» cet établissement a reçu des augmentations notables. Sans
» parler des constructions dont j'ai eu l'honneur de vous
» entretenir l'année dernière, je citerai d'abord une boulan-

(1) Discours au Conseil général de l'Yonne, année 1856.

» gerie qui fonctionne depuis votre dernière réunion, et qui
» fournit tout le pain nécessaire au service de l'asile. Dans ce
» moment, un vaste lavoir se construit dans l'établissement ;
» enfin des plantations nombreuses en arbres fruitiers ont
» été faites et promettent, par leur belle venue, des produits
» d'une grande importance.

» Si, comme les années précédentes, vous voulez bien
» visiter l'asile, votre attention ne manquera pas de se fixer
» sur les belles bêtes porcines et bovines qu'on y élève, et
» sur les produits de la culture des terres qui ont fourni un
» revenu de plus de 8,000 fr. l'année dernière. Dès main-
» tenant on peut dire que l'établissement de Napoléon est
» un des plus remarquables de France, et c'est l'opinion des
» hommes les plus compétents qui l'ont visité (1). »

Je me propose d'entrer dans des détails plus circonstanciés
sur l'asile de Napoléon, qui nous touche de près et que je
suis allé visiter l'année dernière.

Cet établissement est situé dans un site charmant, dans le
voisinage de la petite rivière du Yon et à une demi-lieue de
la ville qu'il domine légèrement. Il est construit sur une
propriété de 35 hectares d'étendue dont le prix d'acquisition
s'est élevé à 50,000 fr.

Les constructions ont été adjugées à un entrepreneur
d'après un plan et des devis, arrêtés au Conseil général en
1846. Elles ont coûté une somme de. . . 360,000 fr.

Le prix du mobilier s'est élevé à. . . . 30,000

L'asile a pu être terminé en moins de six années, et les
malades ont pris possession de leur nouvelle habitation en
janvier 1852.

Le payement des sommes ci-dessus a été effectué par an-

(1) Discours au Conseil général de la Vendée (année 1856).

nuités, au fur et à mesure de la rentrée des fonds résultant d'un impôt extraordinaire de deux centimes pendant les années de 1847 à 1855, dont le produit annuel était de 50,000 francs environ.

Si je ne craignais de donner une trop grande extension à mon travail, je pourrais ajouter d'autres détails fort intéressants sur l'asile de la Rochelle, sur celui de Niort qui a été récemment inauguré, etc. ; mais je ne puis me dispenser de rapporter le passage suivant d'un ouvrage important que vient de publier M. le docteur Girard, qui occupe un rang distingué dans la science et l'administration :

« La construction des asiles d'aliénés, dit-il, est une œuvre » éminemment charitable et utile, tant au point de vue du » traitement que les malades y reçoivent qu'à celui de la » sécurité publique ; on ne saurait cependant contester que » cette œuvre paraît si coûteuse aux départements, qu'ils re- » culent souvent devant la dépense nécessaire pour accom- » plir le vœu fondamental de la loi.

» Démontrer aux Conseils généraux qu'il leur est possible » de se conformer aux prescriptions de la loi, et de rentrer » dans les sommes affectées à cette noble destination, tel » est le but que je me propose d'atteindre dans cet ouvrage.

» Il suffit pour cela, 1° que le nombre des aliénés indi- » gents admis dans un asile destiné à recevoir 350 malades » des deux sexes, ne dépasse que faiblement la proportion de » moitié ; 2° que l'établissement puisse recevoir en moyenne » un tiers de pensionnaires à 420 fr., et un septième à 1,200 » et 2,400 fr.; 3° que le travail des aliénés, organisé sur une » surface proportionnelle au nombre des travailleurs, produise » une certaine somme.

» En effet, un semblable budget donne une dépense an- » nuelle de 165,847 fr., calculée d'après une moyenne dé-

» cennale tirée des mercuriales, et une recette de 219,625 fr.
» Si l'on en soustrait la dépense de la recette, on a un
» excédant de 55,778 fr. Or, une proportion d'un peu plus
» de moitié d'aliénés indigents, soit 180, coûte au départe-
» ment 75,000 fr. Mais, en déduisant de cette somme 1,400 fr.
» par an, des portions de pension à la charge des commu-
» nes, puis 5,000 fr. à celle des familles, on n'a plus a im-
» puter à la subvention départementale que 55,755 fr., chiffre
» que couvre l'excédant des recettes (1) ».

M. Girard nous apprend qu'il obtient des résultats analo-
gues, depuis plusieurs années, dans l'asile d'Auxerre qui,
bâti dans des conditions admirables et dirigé par un homme
d'un talent remarquable, attire plus que tout autre, peut-être,
la confiance des familles.

Sans prétendre jamais pour l'asile de Poitiers à d'aussi magni-
fiques avantages, on peut présumer cependant que le nombre
des pensionnaires, qui est actuellement de 25 (hommes et
femmes) dans le quartier, s'élèverait d'une manière sensible,
dans un établissement bien conditionné. Il est arrivé, maintes
fois, qu'après une visite à l'hôpital général, des familles qui
désiraient nous confier leurs malades, qu'elles tenaient à con-
server près d'elles, se sont décidées à les conduire dans d'autres asiles plus éloignés mais mieux appropriés.

(1) Spécimen du budget d'un asile d'aliénés, et possibilité de couvrir la subvention départementale à l'aide d'un excédant équivalent de recettes.

TROISIÈME QUESTION

La détermination de fonder à Poitiers un asile d'aliénés, je suppose, est arrêtée d'une manière définitive, et les mesures pour la mise à exécution sont adoptées ; il s'agit d'abord, avant même de songer à la confection des plans, de déterminer sur quel emplacement on élèvera les constructions. Celles-ci, en effet, devront s'harmoniser, jusqu'à certain point, avec l'étendue et la configuration du sol. Telle forme d'asile qu'on est obligé d'adopter dans l'enceinte ou sous les murs d'une ville, ne convient pas à la campagne où le déploiement est facile et l'horizon étendu.

« Le choix d'un terrain, dit M. l'inspecteur général Ferrus,
» est de la plus haute importance ; tous les autres avantages
» sont nuls, si l'établissement ne jouit pas d'une vue agréa-
» ble qui écarte autant que possible de l'esprit des malades
» l'idée d'une prison. »

M. l'inspecteur général Parchappe, qui est un guide qu'on peut consulter et suivre sans craindre de s'égarer, s'exprime ainsi dans son dernier et remarquable ouvrage.

« C'est en dehors, et à une petite distance des villes, que
» les asiles doivent être placés afin de faciliter les relations
» administratives et économiques, tout en évitant d'aggraver

» les dépenses de l'établissement par le payement des droits
» d'octroi. Le voisinage du chef-lieu du département doit être
» préféré pour favoriser , autant que possible , les relations
» des familles avec les malades.

» Il y a, avant tout, grand compte à tenir de la salubrité de
» la contrée ; et avant de se décider pour le choix d'un em-
» placement on doit avoir fait une enquête approfondie de
» toutes les conditions d'hygiène générale et locale que ce
» choix peut soulever.

» Un plateau médiocrement élevé, une pente doucement
» inclinée, réalisent, comme terrain d'assiette, les condi-
» tions les plus favorables, pour peu que l'asile doive se
» trouver, par le fait, en possession d'une vue agréable et
» étendue sur les campagnes environnantes.

» Le terrain doit fournir par lui-même, ou avoir à sa
» portée, une abondante quantité d'eau salubre ; et il est in-
» dispensable qu'il soit favorable à la croissance de diverses
» espèces d'arbres propres à donner de l'ombrage et des
» fruits (1). »

Ce n'est donc pas en ville qu'on devrait placer l'asile de
Poitiers ; il serait, en effet, trop difficile d'y trouver le calme,
la tranquillité et l'espace nécessaire pour les travaux en plein
air. Les rapports intempestifs des malades avec le monde
extérieur seraient presque impossibles à éviter ; ils augmen-
teraient leur désir de liberté, et ils favoriseraient les évasions.
En outre, les serviteurs trouvent en ville de trop nombreuses
occasions de distraction et d'intempérance.

Si j'insiste autant sur ce sujet, c'est que j'y suis autorisé, il
me semble, par ce passage que je lis dans le compte rendu
du Conseil général de 1851 :

(1) Des principes à suivre dans la fondation des asiles d'aliénés.

« En résumé, votre commission pense, à l'unanimité, qu'il
» y a urgence de bâtir à Poitiers un asile d'aliénés; sans
» l'accepter définitivement, le terrain de la magnanerie lui
» semble favorable à réaliser ce projet. Cependant on pourrait
» trouver un terrain plus étendu, à une petite distance peut-
» être de la ville. »

La préférence n'est plus en doute, je pense; cependant
j'ajouterai aux raisons précédemment exprimées, qu'il faut
craindre pour les aliénés le voisinage des grands cours d'eau,
des étangs spacieux, parce qu'ils deviennent des causes d'ac-
cidents ou qu'ils fournissent des occasions de suicide.

Mon programme se trouve actuellement rempli, mais je
présume qu'il ne sera pas hors de propos de placer ici une
observation qui pourrait bien avoir quelque importance.

Dans tous les plans d'asiles qui ont été exécutés dans ces
derniers temps, — ils sont nombreux, et en général très-satisfai-
sants, — j'ai remarqué que la chapelle était toujours placée sur
le second et souvent même sur le troisième plan, qu'elle était,
en quelque sorte, dissimulée aux regards.

N'est-ce point là un défaut? et ne semble-t-il pas qu'en
adoptant cette manière de faire, on ne donne pas à la religion le rang qui lui convient dans la série des moyens généraux qui sont propres à guérir l'aliénation? Quant à moi, il me
paraît que la chapelle serait plus convenablement placée en
avant et au centre de l'édifice, avec une belle façade sur la
cour d'entrée.

On veut que nos asiles ne ressemblent pas à des prisons,
à des casernes, à des manufactures; mais l'idée de paix, l'idée
de consolation que représente tout d'abord la vue de la chapelle au malheureux, qu'on introduit généralement de vive
force dans l'asile, n'éloigne-t-elle pas immédiatement de son
esprit la pensée de l'incarcération?

Il existe entre l'homme raisonnable et l'aliéné beaucoup plus d'analogie qu'on ne le pense généralement. Chez l'un et chez l'autre, par exemple, les manifestations de l'intelligence sont très-souvent subordonnées aux incitations des sentiments ou des passions. Ces analogies, admises par tous les aliénistes, démontrent qu'il doit exister, jusqu'à certain point, de la similitude entre l'art de calmer et de diriger les passions des hommes à l'état de santé et celui de les calmer et de les redresser chez les insensés.

Or, quel moyen calmant plus puissant, quel moyen moralisateur plus efficace que la religion? Je me plais à faire connaître, sur ce sujet, le sentiment d'un homme éminent dans la science, et qui traite depuis de longues années les femmes aliénées de la Salpêtrière à Paris.

« On ne peut disconvenir, dit M. le docteur Falret, que
» partout où les hommes sont réunis, c'est un devoir de
» rappeler, de propager les principes éternels d'où émanent
» les rapports de l'homme avec l'homme, et de celui-ci avec
» la divinité. Le sentiment religieux est inhérent à notre
» nature, et par cela même, il demande à être développé et
» satisfait; il doit l'être, pour assurer le présent et préparer
» l'avenir.

» Les aliénés feraient-ils exception à cette règle générale?
» Non, sans doute, malgré la confusion de leurs idées et de
» leurs sentiments, ils sont loin d'être désordonnés en toutes
» choses. En examinant, sans prévention, la population des
» asiles, on trouve que la très-grande généralité des hommes,
» et la presque totalité des femmes, conservent à des degrés
» variables le sentiment religieux.

» Les secours de la religion, dit aussi M. Parchappe, ren-
» fermés dans les limites tracées par la prudence, sont admi-
» nistrés dans l'asile de Rouen par un aumônier. Les prières

» sont faites en commun. Quelques livres religieux sont
» confiés aux malades qui assistent aux offices les dimanches
» et jours fériés. Des chants religieux font partie de l'ensei-
» gnement musical.

» Ainsi comprise, l'influence religieuse est des plus heu-
» reuses et des plus puissantes : satisfaction du cœur, occu-
» pation de l'esprit, résignation et moralisation, tels sont les
» principaux effets obtenus. »

Ces sentiments, exprimés par deux hommes d'un mérite
transcendant, sont aujourd'hui partagés par la grande généralité des médecins et des administrateurs des asiles d'a-
liénés.

Or, je le demande, puisque la religion est un des principaux éléments qui entrent dans le traitement général de l'a-
liénation, pourrait-il y avoir de l'inconvénient à donner la
place d'honneur à la chapelle, qui en est le signe sensible?
L'édifice, au contraire, ne perdrait-il pas de sa monotonie, ne
gagnerait-il pas de l'élégance, en présentant sur sa façade, au
lieu d'une série de lignes continues, le front gracieusement
découpé d'un monument religieux? Je livre cette réflexion à
l'appréciation de nos administrateurs (1).

Qu'il me soit permis de rapporter ici, pour terminer, cette
description de l'asile de Grenoble que je trouve dans un jour-
nal de la localité.

« Notre asile d'aliénés, qui est situé à Saint-Robert, aux
» portes de la ville, est aujourd'hui complétement restauré
» et même refait. Il se compose maintenant de seize corps
» de bâtiments couronnés d'élégants pavillons, avec de vastes
» cours, de belles salles où l'air et la lumière sont distribués
» avec abondance. On y sent partout la tendresse de la cha-

(1) Voir la deuxième note.

» rité la plus délicate. Ainsi, aux portes, aux fenêtres, dans
» les corridors, dans les escaliers, au tournant des édifices,
» les angles, les arêtes, les saillies, tout ce qui peut occa-
» sionner un choc dangereux, opposer un frottement trop
» dur, a été amorti, adouci.

» Tout ce qui pourrait rappeler l'idée pénible de la réclu-
» sion a été caché, dissimulé avec art. Ainsi, une clôture forte
» et prudente existe partout et ne se montre presque nulle
» part. Les perspectives, les horizons, les points de vue si
» gracieux qui environnent l'asile, se découvrent avec une
» netteté et parés de tous leurs charmes : l'aliéné aura conti-
» nuellement devant lui le spectacle si calmant de la belle
» nature.

» Au midi de l'établissement, se déroule un beau et vaste
» clos, dont une partie se compose de jardins potagers, de
» parterres, d'allées spacieuses et de promenades à magni-
» fiques ombrages.

» A l'extrémité du clos, on rencontre une petite ferme
» avec son verger, ses guérets, ses étables et une basse-cour
» bien peuplée. Tout près de la métairie, on a conservé une
» petite maison bourgeoise, environnée de grands arbres, et
» destinée aux malades du grand monde, payant une forte
» pension.

» Une pareille sollicitude et des soins si délicats ne peuvent
» manquer de produire les plus heureux effets sur l'esprit, le
» caractère et les sentiments des malades. Déjà on voyait à
» Saint-Robert des choses admirables sous ce rapport. Parmi
» les aliénés, les uns habitent l'asile depuis longues années et
» y sont attachés comme on l'est au toit paternel. Plusieurs
» abordent, préviennent et saluent les étrangers qui les visi-
» tent avec politesse. Ils sont presque tous occupés à des
» travaux de culture.

» Les jardins sont tenus avec un soin poussé jusqu'au
» scrupule, car non-seulement les plantes parasites, mais les
» plus petits graviers disparaissent sous la main de l'aliéné
» jardinier ou sarcleur. Les arbres, les fleurs, les fruits sont
» parfaitement respectés. On voit même des malades qui s'éta-
» blissent gardiens des produits, et qui, attentifs comme des
» ménagères, amassent pour les bestiaux de la ferme les fruits
» tombés avant la maturité.

» Enfin, grâce aux travaux de sa nombreuse famille, l'asile
» de Saint-Robert est devenu une espèce de ferme-modèle
» qui, chaque année, remporte des prix aux concours agri-
» coles.

» Mais le triomphe et la vraie gloire de cet établissement,
» c'est de rendre chaque année à leur famille et à la société
» un grand nombre de malades guéris ou considérablement
» améliorés. »

NOTE PREMIÈRE.

En présence du nombre toujours croissant des aliénés dans l'asile de Poitiers, et même dans tous les asiles de France, il semble qu'on doive se demander avec inquiétude si la société n'est pas menacée par un nouveau fléau plus redoutable qu'aucun de ceux qui ont affligé jusqu'ici l'humanité.

Il faut en convenir, les apparences sont toutes à l'avantage de cette supposition, qui effectivement a été et est encore bien souvent mise en avant. Mais, pour peu qu'on examine le fond des choses, on s'aperçoit bientôt que cette augmentation si prodigieuse des aliénés est plus apparente que réelle.

En effet, victimes de la conviction de leur incurabilité, les aliénés étaient jadis soustraits aux regards du public, bannis de la société; leur nombre paraissait très-restreint. Mais lorsque, au commencement de ce siècle, on eut préconisé une nouvelle méthode de traitement, qui produisait des guérisons, on vit surgir les insensés de toutes parts, à Paris, où furent fondés les premiers établissements. Les autres grandes villes de France ne tardèrent pas non plus à entrer dans la voie des réformes et à recevoir leur contingent de malades.

C'est seulement depuis quelques années que la progression des aliénés est devenue considérable dans le quartier de Poitiers, ainsi que nous l'avons vu plus haut. Mais tout porte à croire que la grande majorité des insensés du département est aujourd'hui séquestrée à l'hôpital général.

Il ne m'a pas été possible encore de faire des recherches précises à cet égard, mais j'ai sous les yeux une statistique rigoureuse de cette nature qui a été dressée, pour le département de la Haute-Garonne, par M. le docteur Marchant, médecin de l'asile de Toulouse. Il est résulté de ses investigations que, outre les 250 malades renfermés dans l'asile, il n'y avait que 162 aliénés connus, vivant au sein de leurs familles et qui auraient été en droit de réclamer les secours dus à leur position.

Ces données ont déterminé, en 1852, l'administration supérieure de la Haute-Garonne à construire un asile pour 400 malades. Or, en jugeant par analogie, on peut présumer que le département de la Vienne, qui est beaucoup moins peuplé, ne réunit pas un aussi grand nombre d'aliénés, et qu'il suffirait grandement de donner à l'asile de Poitiers une capacité pour 275 à 300 malades.

NOTE DEUXIÈME.

J'observerai, en outre, que si la chapelle de l'asile futur de Poitiers se trouvait située sur la cour d'entrée, aux lieu et place du bâtiment qui est généralement affecté au logement du médecin-directeur, et à celui de l'économe-comptable, on y trouverait cet autre avantage qu'elle serait beaucoup plus à la portée des aliénés tranquilles et des convalescents. Ces malades sont, en effet, partout installés dans les divisions qui sont le plus à proximité de la cour d'entrée dans les asiles, et on conçoit sans peine que ce sont ceux-là surtout qui peuvent avoir besoin de raviver leurs sentiments par les pratiques de religion.

Pour ce qui est du logement des fonctionnaires, il me semble qu'il serait à peu près aussi convenablement placé à l'entrée même de l'asile, de chaque côté de la grille d'entrée.

Je ferai cette dernière remarque, qu'on pourrait faire, avec avantage peut-être, un choix parmi les plans d'asile déjà exécutés, sauf les quelques modifications jugées utiles. Les bons modèles ne manquent pas et on peut dire que les établissements d'aliénés de Niort, de Napoléon, de Toulouse, de Rhodez, d'Auxerre ont atteint la perfection du genre.

Poitiers.—Imp. de Henri Oudin.

www.ingramcontent.com/pod-product-compliance
Lightning Source LLC
Chambersburg PA
CBHW070745280326
41934CB00011B/2802